...Pssst!
Pssst!
Pssst.

Erwin Grosche • Dagmar Geisler

Ich hab dich gern,
du hast mich gern

Erwin Grosche · Dagmar Geisler

Ich hab dich gern, du hast mich gern

Mäusestarke Geschichten und wolkenzarte Kichergedichte

cbj

cbj ist der Kinder- und Jugendbuchverlag
in der Verlagsgruppe Random House

MIX
Papier aus verantwortungsvollen Quellen
FSC® C012425

Verlagsgruppe Random House FSC-DEU-0100
Das für dieses Buch verwendete FSC®-zertifizierte Papier
Eurobulk liefert Sappi, Biberist, Schweiz.

Gesetzt nach den Regeln der Rechtschreibreform

1. Auflage 2011

Umschlagbild und Innenillustrationen: Dagmar Geisler
Umschlagkonzeption: Basic-Book-Design, Karl Müller-Bussdorf
MP · Herstellung: RF
Satz: KompetenzCenter, Mönchengladbach
Druck: Offizin Andersen Nexö Leipzig GmbH, Zwenkau
ISBN 978-3-570-13090-2
Printed in Germany

www.cbj-verlag.de

Inhalt

Ich bin ganz klein, ich bin allein und kann mal für mich selber sein

Jubelgeschichten und Brummelgedichte

Voll gut • Die Pssst-Kiste • Der wütende Ingo •
Wenn ich mal in den Himmel schau •
Die Wutkarte • Pusteblume •

Zehn kleine Kuschelbären kommen, wenn ich träum

Mäusestarke Geschichten und käferflinke Krabbelgedichte

Welches Tier passt zu mir? • Flohgebet • Die Käferkarte •
Die zehn kleinen Kuschelbären • Der Kuckuck •

Guten Morgen, ihr Süßen, ich will euch alle grüßen

Traumgeschichten und Gutenmorgengedichte

Morgenlied • Ohne Worte • Die Tütenaufblastruppe der Bäckerei PENG • Der Flaschengeist •

Bügel-Bügel-Bügeleisen, wollte über'n Hügel reisen

Lachgeschichten und Sachgedichte

Der Toaster • Der Hubschrauber • Der Ring • Die Wackeltischkarte • Die Schublade • Auto in der Waschanlage • Das Bügeleisen • Der Wackeltisch • Der Spazierstock • Spann auf den Schirm •

Manchmal träumen auch Spaghettis, dass sie wären wie Konfettis

Leckerschmeckergeschichten und zuckersüße Gedichte

Die Entschuldigung • Eis, Eis, Eis • Laras Brot •
Quarkstollenlied • Wenn Monster Geburtstag feiern •
Nudeln, Nudeln •

Ich hab dich gern, du hast mich gern, wir leben auf dem gleichen Stern

Geheimnisvolle Geschichten und kluge Gedichte

Beim Augenarzt, 1.Augenübung • Zehn böse Bankräuber •
Die Windkarte • Beim Augenarzt, 2.Augenübung •
Hallo, hier sind die Bankräubernachrichten • Das Fremde •

Lass
dich
bloß nicht
täuschen

Lausche den Geräuschen

Der Schluckauf

Sprich es so, als hättest du dabei einen Schluckauf.

Schluck auf
Schluck auf
Bösewicht

Schluck auf
Schluck auf
komm ans Licht

Schluck auf
Schluck auf
Überfall

Schluck auf
Schluck auf
hast ’nen Knall

Schluck auf
Schluck auf
ach du Schreck

Schluck auf
Schluck auf
du bist weg!

Lass dich bloß nicht täuschen

Lass dich bloß nicht täuschen
lausche in den Tag
lausche den Geräuschen
und ob wer dich mag

Lass dich bloß nicht täuschen
lausche in die Nacht
lausche den Geräuschen –
Hat wer laut gelacht?

Lass dich bloß nicht täuschen
lausche in die Welt
lausche den Geräuschen –
Wer hat sie bestellt?

Lass dich bloß nicht täuschen
lausche in dich rein
lausche den Geräuschen
könnt dein Herzschlag sein

Bei jeder Strophe können Kinder mitlauschen und mitlachen. Kussgeräusche, Lachgeräusche und Herzschlaggeräusche kann man nachmachen.

Lass dich bloß nicht täuschen
lausche jedem Wort
lausche den Geräuschen
sonst sind sie gleich fort

Lass dich bloß nicht täuschen
lausche jedem Klang
lausche den Geräuschen
lausch dem Weltgesang

Das kleine Radio

Es war einmal ein kleines Radio, das war ganz still. Man machte es an und hörte … nichts. Kein Lied, keine Märchen, keine Geräusche.

Da wurde es ganz traurig und dachte, was bin ich nur für ein kleines nutzloses Radio? Wenn man ein Radio anmacht, dann hört man doch Lieder und Geschichten. Da beschloss es, in die Welt zu gehen und Geräusche zu sammeln.

Es war noch nicht weit gegangen, *kantapper, kantapper*, da kam es an eine Wiese. Dort sah es ein Tier, das sah aus wie ein Pferd, war aber kein Pferd, sondern war grau. Was war das wohl für ein Tier? Genau, das war ein Esel. Ja, aber wie machte der Esel? Genau, IA.

»Ein Geräusch«, schrie das kleine Radio, »das nehme ich auf. Vielleicht wird noch ’ne Geschichte draus.«

Und der Esel, der hörte, er wird aufgenommen, iate ganz laut: IA, IA, IA, IA!

Da hatte das Radio schon ein Geräusch aufgenommen, ging weiter, *kantapper, kantapper*, in die Welt hinein.

Bald kam es zu einem Bauernhof, und vor dem Bauernhof war eine kleine Hütte, und vor der kleinen Hütte war ein Tier, das sollte den großen Bauernhof bewachen. Was war das wohl für ein Tier? Genau, das war ein Hund, aber wie machte der Hund? Er machte WAU.

»Oh«, sagte das kleine Radio, »ein Geräusch, das nehme ich auf. Und ich habe doch schon einen Esel aufgenommen und der machte (alle rufen IA) IA, da kommt mir das Hundegebell gerade recht. Ich nehme es mal auf, vielleicht wird noch ’ne Geschichte draus.«

Und der Hund, der hörte, er wird aufgenommen, bellte ganz laut: WAU, WAU, WAU, WAU!

Jetzt hatte das Radio schon zwei Geräusche aufgenommen, und ging, *kantapper, kantapper,* in die Welt hinein.

Es war noch nicht weit gegangen, da sah es … *Flux, flux* haste nicht geseh’n, eine kleine graue … Maus. Genau, aber wer lief hinter der Maus her? Eine Katze. Ja, aber wie machte die Katze? MIAU!

Da sagte das Radio: »Oh, ein Geräusch, das nehme ich auf. Und ich habe schon einen Esel aufgenommen, der machte? Und einen Hund, der machte?

Da kommt mir die Katze gerade recht … Wer weiß, vielleicht wird noch 'ne Geschichte draus. Und die Katze, die hörte, sie wird aufgenommen, miaute ganz stolz:
MIAU MIAU MIAU MIAU!

Jetzt hatte das kleine Radio schon drei Geräusche aufgenommen, und ging, *kantapper, kantapper,* in die Welt hinein.

Es war noch nicht weit gegangen, da stand es plötzlich vor einem großen stinkenden Misthaufen. Und wer saß auf dem großen stinkenden Misthaufen? Ein Hahn. Aber wie machte der Hahn? Genau: KIKERIKI.

Da sagte das Radio: »Oh, ein Geräusch, das nehme ich auf. Ich habe doch schon einen Esel aufgenommen, der machte?

Und einen Hund, der machte?

Und eine Katze, die machte?

Da kommt mir der Hahn gerade recht. Wer weiß, vielleicht wird noch ’ne Geschichte draus.«

Und der Hahn, der hörte, er wird aufgenommen, kikerikite ganz laut: KIKERIKI, KIKERIKI!

Da hatte das Radio schon vier Geräusche aufgenommen und wollte gerade weiter, *kantapper, kantapper,* in die Welt hinein, da sah es auf einer Parkbank einen traurigen Mann. Da ging es zu dem Mann und fragte: »Weshalb sind Sie denn so traurig?«

Und da sagte der Mann: »Ich bin Hörspielregisseur. Ich mache beim Radio die Geschichten und die Märchen. Und wir wollen gerade ein Märchen aufnehmen und haben dafür gar keine Geräusche.«

Da wurde das kleine Radio ganz aufgeregt und fragte: »Was brauchen Sie denn für Geräusche?«

»Ach«, sagte der Mann. »Das ist nicht einfach. Wir brauchen einen Esel, und der macht? … Und einen Hund, der macht? … Und eine Katze, die macht? … Und ein Hahn, der macht?«

Da fragte das kleine Radio: »Was für ein Märchen wollen Sie denn aufnehmen?«

Wisst ihr es?

Genau. Es ist das Märchen von den Bremer Stadtmusikanten. Da machen doch Esel, Hund, Katze und Hahn Geräusche, über die man nur staunen kann.

Da sagte das kleine Radio: »Kein Problem, diese Geräusche habe ich alle da.«

Da haben die beiden das Märchen von den Bremer Stadtmusikanten aufgenommen. Ein Märchen mit den schönsten Geräuschen der Welt. Und wenn sie nicht gestorben sind, dann hört man sie auch heute noch.

Die Schere

Schnipp schnapp schnipp schnapp Schere
schneidet in die Leere
schneidet ins Papier
und das hört man hier:
schnipp schnapp schnipp schnapp schnipp schnapp schnapp
schnipp schnapp schnipp schnapp schnipp schnapp schnapp

Schnipp schnapp schnipp schnapp Schere
schneidet in die Quere
schneidet in die Breite
schneidet in die Seite
schnipp schnapp schnipp schnapp schnipp schnapp schnapp
schnipp schnapp schnipp schnapp schnipp schnapp schnapp

Schnipp schnapp schnipp schnapp Schere
schneidet ungefähre
Wellen aus vom Meere
und auch eine Fähre
bringt dich hin und her(e)
schnipp schnapp schnipp schnapp schnipp schnapp schnapp
schnipp schnapp schnipp schnapp schnipp schnapp schnapp

Im Glascontainer

Flaschenscherben
wohnen hier
Gläserscherben
machen klirr

Scheibenscherben
rumms di bumms
Brillenscherben
fallen plumps

Tellerscherben
Stück für Stück
Tassenscherben
bringen Glück

Schüsselscherben
bauts kaputt
Spiegelscherben
werden Schutt

Blechdose ganz
schepper schleng
drängt sich ein
ganz ping und peng

Hau hier ab,
ruft da der Trainer
Glas wohnt nur
im Glascontainer

Sprich dieses Gedicht ganz laut.

Der Hustenanfall

Öhö höhö
Uhu hu
Höho hoho
Ha ha uh

Hatschi Patschi
Husti Howski
Nasenhatschi
Tschüssikowski

Öhö höhö
Nasenpropfen
Hitschi matschi
Hustentropfen

Schniffi schnaffi
Hüssi hüss
Hand vorm Mund
und hatschi tschüss!

*Sprich dieses Gedicht,
als wärst du erkältet.*

Der Wunsch

Die Engel im Himmel warteten. Es hatten nicht alle Kinder ihre Wunschzettel abgegeben.

Auch Kalle aus der Holsteinstraße in Bad Ems ließ nichts von sich hören. Wie auch?
Er wusste immer noch nicht, was er sich zum Fest wünschen sollte.

Er trommelte unruhig mit den Fingern auf dem Tisch herum und dachte nach. Doch kein Geschenk fiel ihm ein. Pech.

Er sang:

Alle Wünsche sind schon da
alle Wünsche, alle
große Wünsche, kleine Wünsche
schöne Wünsche, feine Wünsche
Alle Wünsche sind schon da
nur nicht der von Kalle

Der Weihnachtsmann schaute zur Himmelstür hinein und fragte, ob denn alle Kinder ihre Wunschzettel abgegeben hätten. Die Engel schüttelten den Kopf.

»Nein«, sagten sie, »Kalle aus der Holsteinstraße in Bad Ems trommelt noch immer mit den Fingern auf dem Tisch herum und weiß nicht, was er sich wünschen soll.«

»Oje«, sagte der Weihnachtsmann, »es ist doch bald Weihnachten, da sollte jeder wissen, was er auf den Wunschzettel schreiben will. Die Zeit wird knapp. Die Zeit wird sogar sehr sehr knapp.«

Und der Weihnachtsmann sang:

Alle Wünsche sind schon da
alle Wünsche, alle
große Wünsche, kleine Wünsche
schöne Wünsche, feine Wünsche
Alle Wünsche sind schon da
nur nicht der von Kalle

Kalle saß inzwischen vor seinem Wunschzettel, trommelte mit den Fingern auf dem Tisch herum und tippte mit den Füßen den Takt dazu. »Wow«, sagte er, »das ist ein Rhythmus, wo jeder mitmuss.«

Als er merkte, wie sehr es ihm Spaß machte, mit den Fingern auf dem Tisch rumzutrommeln und mit den Füßen den Takt dazu zu stampfen, wusste er auf einmal, was er sich zu Weihnachten wünschen wollte. Stolz schrieb er auf seinen Wunschzettel: »Lieber Weihnachtsmann, ich wünsche mir ein Schlagzeug, auf dem man richtig trommeln kann.«

Schnell klebte er seinen Wunschzettel an die Wohnzimmerscheibe, wo er schon bald von den Engeln gefunden wurde.

»Wow«, riefen sie. »Ein Schlagzeug wünscht er sich. Das ist ein toller Wunsch. Da werden sich auch die Eltern freuen.«

Alle Engel sangen:

Alle Wünsche sind schon da
alle Wünsche, alle
große Wünsche, kleine Wünsche
schöne Wünsche, feine Wünsche
Alle Wünsche sind schon da
auch jetzt der von Kalle

Das Gedicht »Alle Wünsche sind schon da« kann man auch singen.
Es klingt genauso wie das Lied:
»Alle Vögel sind schon da.«

Ich bin ganz klein, ich bin allein und kann mal für mich selber sein

Jubelgeschichten und Brummelgedichte

Voll gut

Voll gut
Voll leer
Voll blut
Vol ker

Voll wal
Voll viel
Voll kahl
Voll nil

Voll nah
Voll toll
Voll da
Voll voll

Voll krampf
Voll nass
Voll dampf
Voll krass

Suche noch andere »Voll gut«-Wörter.

Voll gut

Die Pssst-Kiste

Rums, Bums und Peng und Streit und Ach
um mich herum nur Lärm und Krach
der weint, der lacht, der zickt und zerrt –
wie wär es, wenn man sich beschwert?

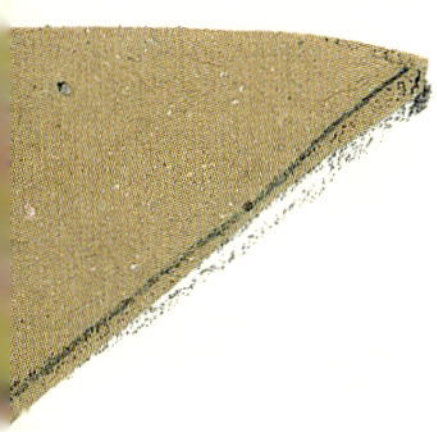

Ich schrei jetzt: Schluss mit dem Rabatz
ich kenne einen schönen Platz
da ist es still, da ist es fein
da kann ich fast unsichtbar sein:
Ich bin in meiner Pssst-Kiste
Ich bin in meiner Pssst-Kiste

Ich bin nicht da
ich bin ganz still
wenn ich nicht mit dir reden will
bin ich in meiner Pssst-Kiste
bin ich in meiner Pssst-Kiste

Dort ist es schön
und wunderbar
und alles, was noch vorher war
ist Traum in meiner Pssst-Kiste
ist Traum in meiner Pssst-Kiste

Ich bin ganz klein
ich bin allein
und kann mal für mich selber sein
Such mich in meiner Pssst-Kiste
Such mich in meiner Pssst-Kiste

Setzt sie auf die Einkaufslisten:
»Heut im Angebot Pssst-Kisten!«
Wenn Sie mal Ihr Haus ausmisten
suchen Sie nach diesen schönen Kisten

Bin ich verliebt
und bin ganz froh
dann findest du mich sowieso
ganz sicher in der Pssst-Kiste
ganz sicher in der Pssst-Kiste

Man kann das Gedicht sehr gut mit seinen Freunden und Freundinnen einüben und gemeinsam aufführen. Verteilt die Rollen und die Strophen. Sprecht allein und gemeinsam.

Der wütende Ingo

Rums Bums
Rums Bums
Wut nimmt seinen Lauf
Ingo schmiss die Schranktür zu
sie ging wieder auf

Rums Bums
Rums Bums
Wut nimmt seinen Lauf
Ingo schmiss die Schranktür zu
sie ging wieder auf

Rums Bums
Rums Bums
Wut nimmt seinen Lauf
Ingo schmiss die Schranktür zu
sie ging wieder auf

Wenn ich mal in den Himmel schau

Wenn ich mal in den Himmel schau
und seh nur Wolken, die sind grau,
dann weiß ich, was ich machen kann:
Dann stelle ich das Radio an

Dann fahr ich die Antenne raus*
und such mir einen Sender aus**
mit Kinderradioprogramm
wo man dann ganz laut hören kann

1, 2, 3, 4

Alle Kinder klatschen mit
und lassen sich nicht stören
Kennen diesen Superhit
vom Kinderradiohören

Hab ich mit meinem Kumpel Streit
und nachher tut's uns beiden leid
Er nannt' mich Flasche, ich ihn Schuft –
Was tut man gegen dicke Luft?

* *Alle Kinder strecken eine Hand hoch.*

** *Alle Kinder drehen sich das Ohr herum.*

Dann fahr ich die Antenne raus*
und such mir einen Sender aus**
mit Kinderradioprogramm
wo man dann ganz laut hören kann

1, 2, 3, 4

Alle Kinder klatschen mit
und lassen sich nicht stören
Kennen diesen Superhit
vom Kinderradiohören

Wenn ich mal nachts nicht schlafen kann,
dann stelle ich das Radio an
und höre den Geschichten zu
und komme danach schnell zur Ruh
Und träume dann – man glaubt es kaum –
den Kinderradiozaubertraum
Und was mach ich dann selbst im Traum

Dann fahr ich die Antenne raus*
und such mir einen Sender aus**
mit Kinderradioprogramm
wo man dann ganz laut hören kann

1, 2, 3, 4

Alle Kinder klatschen mit
und lassen sich nicht stören
kennen diesen Superhit
vom Kinderradiohören

*Strecke den Arm hoch,
wenn du eine Antenne hochfahren lassen willst.*

*Drehe an deinem Ohr,
wenn du einen Sender suchen willst.*

*Siehst du, nun bist du auch
ein Radio.*

Die Wutkarte

Manchmal ist man wütend. Manchmal ist man sogar sehr wütend. Manchmal ist man sogar so wütend, dass man alles zerreißen und zerknüllen könnte. Zum Glück gibt es die Wutkarte. Wenn du so wütend bist, dass du alles zerreißen und zerknüllen könntest, dann hol sie hervor und halte dich an das Gedicht:

Geht es dir einmal nicht so gut,
dann überfällt dich kalte Wut.
Du schreist ganz laut und springst und tobst
und läufst rot an wie reifes Obst.
Dann nimm die Karte hier zur Hand,
zerknüll sie, schmeiß sie an die Wand.
Zerreiß sie, schnaufend, voller Wut –
dann geht es dir gleich wieder gut.

Ihr könnt die Wutkarte auch auf den Boden schmeißen und wild darauf herumtrampeln. Eine Wutkarte hilft nicht immer, aber manchmal. Da es schön ist, gute Laune zu haben, flüstern viele leise: »Danke, Wutkarte.«

Pusteblume

Pustest du die Pusteblume
siehst du neue Moden
tausend wilde Fallschirmspringer
schweben auf den Boden

Pustest du die Pusteblume
lass dich überraschen
vielleicht kannst du einen Fallschirm
für dich selbst erhaschen

Zehn kleine Kuschelbären kommen, wenn ich träum

Mäusestarke Geschichten und käferflinke Krabbelgedichte

Welches Tier passt zu mir?

Ein Haustierratgeber von Doktor Martin Meier
Ungereimte Fassung, Paderborn 2008

»Welches Tier passt zu mir?«, fragt sich Svenja. Svenja hätte gern einen Hund. »Er darf nur nicht bellen, muss lange Ohren haben, soll hoppeln statt laufen und muss genauso gern Möhren essen wie ich.«

Doktor Martin Meier weiß Rat: »Es gibt einen Hund, der alle Eigenschaften hat, die Svenja. Er bellt nicht, hat lange Ohren, hoppelt und isst genauso gerne Möhren wie Svenja. Allerdings sieht dieser Hund nicht wie ein Hund aus. Genau genommen sieht dieser Hund sogar wie ein Kaninchen aus. Aber warum nicht? Es gibt viele Hunde, die nicht wie Hunde aussehen: Seehunde zum Beispiel oder Pekinesen, die kleine Mäntel tragen.«

Flohgebet

Du machst mich groß
du machst mich froh
du machst mich stark
betet der Floh

Die Käferkarte

Manchmal findet man komische Käfer in Keller, Küche oder Bad – kribbel, krabbel. Manche Käfer haben sich dort nur verirrt und wären lieber draußen, im Garten und an der frischen Luft. Das soll uns recht sein. Zum Glück gibt es die Käferkarte.*

Lass einfach den Käfer auf die Käferkarte krabbeln und trage ihn hinaus in den Garten. Das macht Spaß und freut den Käfer auch. Sprich dazu dieses Gedicht:

»Kleine Käfer wollen starten,
krabbeln gern auf Käferkarten.
Können dann von uns erwarten,
dass wir tragen sie zum Garten.
Kribbel, krabbel, Käferkarten
helfen allen Käferarten.«

Es ist immer ein gutes Gefühl,
einem kleinen Käfer geholfen zu haben.

* *Die Käferkarte ist eine ganz normale, grün angemalte Postkarte, sodass der Käfer denkt, er wäre auf einer Wiese.*

Die zehn kleinen Kuschelbären

Zehn kleine Kuschelbären
kommen, wenn ich träum,
und willst du auch ’nen Kuschelbär’n,
da sind es nur noch neun.

Neun kleine Kuschelbären
spielen Kissenschlacht,
doch einer kriegt ’n Kissen ab,
da sind es nur noch acht.

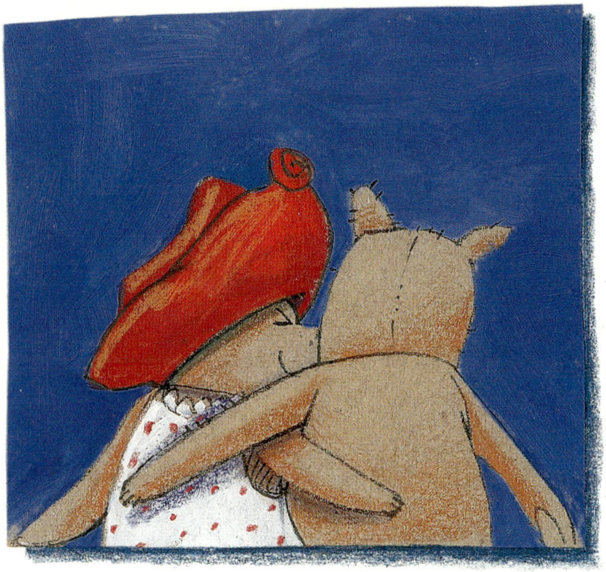

Acht kleine Kuschelbären
wollen sich verlieben,
und Kuschelbär trifft Kuschelfrau,
da sind es nur noch sieben.

Sieben kleine Kuschelbären
seh'n 'nen Honigklecks,
und findet wer den Topf dazu,
da sind es nur noch sechs.

Sechs kleine Kuschelbären,
ich die Nase rümpf,
ich wasch sie in der Waschmaschien',
da sind es nur noch fünf.

Fünf kleine Kuschelbären
trinken Honigbier
doch einer trinkt zu viel davon,
hicks sind es nur noch vier.

Vier kleine Kuschelbären
lesen mal Karl May,
der eine will Indianer sein,
da sind es nur noch drei.

Drei kleine Kuschelbären
rufen laut bye-bye,
doch einer ging tatsächlich fort,
da sind es nur noch zwei.

Zwei kleine Kuschelbären suchen sich mal fein,
der eine sieht den andern nicht
und bleibt dadurch allein.

Ein kleiner Kuschelbär, der hat prima Ideen
und ruft ganz laut die andern her,
da sind es wieder zehn.

Der Kuckuck

Der Kuckuck in der Kuckucksuhr
der wurde viel zu rund
er machte gar kein *Kuckuck* mehr
verschlief dann jede Stund.
Kuckuck, Kuckuck, Kuckuck, Kuckuck

Der Kuckuck in der Kuckucksuhr
der wurde viel zu dick
er passte nicht mehr durch die Tür
und hauchte nur tick-tick.
Tick-Tick, Tick-Tick, Tick-Tick, Tick-Tick

Der Kuckuck in der Kuckucksuhr
der wurde viel zu fett
ihm passte keine Hose mehr
er lag nur noch im Bett
Kuckuck, Kuckuck, Kuckuck, Kuckuck

Der Kuckuck in der Kuckucksuhr
macht eine Magerkur
dann kam er wieder durch die Tür
und schlug sofort zwölf Uhr
Kuckuck, Kuckuck, Kuckuck
Kuckuck, Kuckuck, Kuckuck
Kuckuck, Kuckuck, Kuckuck
Kuckuck, Kuckuck, Kuckuck

Guten Morgen, ihr Süßen, ich will euch alle grüßen

Traumgeschichten und Gutenmorgengedichte

MORGEN-LIED

Guten Morgen, ihr Süßen
ich will euch nun begrüßen
ich drücke euch ganz feste
und wünsche euch das Beste

Guten Morgen, ihr Netten
darauf könnt ihr nun wetten
wir machen es uns richtig schön
bevor wir auseinandergeh'n

Guten Morgen, ihr Tollen –
wo wart ihr nur verschollen?
ich habe euch doch so vermisst
und keinen, der mich einmal küsst

Guten Morgen, ihr Schönen
jetzt lasst euch mal verwöhnen
ich wünsche euch ausdrücklich
ihr werdet alle glücklich

Guten Morgen, ihr Lieben –
wo seid ihr nur geblieben?
ich war doch so alleine
und fühlte mich ganz kleine

Guten Morgen, ihr Süßen
ich will euch alle grüßen
wir sind wie Blätter und der Wind
wie schön, dass wir zusammen sind

Was für ein Tag ist heute?
Ein schöner Tag ist heute!
Was für ein Tag ist heute?
Ein schöner Tag ist heute!

ABEND-LIED

Kann man auch als Abendlied singen. Es heißt dann »Guten Abend, ihr Süßen« und »Was für ein Tag war heute? Ein schöner Tag war heute!«.

Ohne Worte

Hier sieht man Bilder, auf die man zeigen kann, wenn man morgens noch müde ist und noch kein Wort sagen will.

Die Tütenaufblastruppe der Bäckerei PENG

Einmal fragte sich Theo Schreihals, wie wird man morgens wach, wenn kein Hahn kräht und keine Uhr bimmelt. Ganz einfach. Es gibt die Tütenaufblastruppe der Bäckerei PENG. Wenn Theo noch schläft und von Gefahren und Abenteuern träumt, schleicht eine sonderbare Truppe in sein Zimmer.

Es ist die Tütenausblastruppe der Bäckerei PENG. Diese Tütenaufblastruppe der Bäckerei PENG bläst nicht nur die Tüten auf, sondern lässt sie auch mit einem lauten Knall wieder platzen.

PENG!

Sofort ist man wach und putzmunter.

Theo träumt gerade von einem Piratenschiff im Meer.
Da erscheint die Tütenaufblastruppe der Bäckerei PENG,
bläst ihre Tüten auf und lässt sie volle Kanne mit einem lauten Knall
zerplatzen.

PENG!

Aufstehen! Theo träumt gerade von einem klaren Sternenhimmel und schaut als Sternenforscher in die Nacht. Da rennt die Tütenaufblastruppe der Bäckerei PENG in sein Schlafzimmer und lässt ihre Tüten zerplatzen wie ein Feuerwerk.

PENG!

Aufstehen!

»Ach, ach, ach.
Wir machen gerne Krach!
Wir machen gerne PENG-Tata,
dafür sind unsre Tüten da.
Ach, ach, ach.
Wir machen gerne Krach!«

Ehe man manchmal begreift, wer da einen so unsanft aus dem Schlaf gerissen hat, ist die Tütenaufblastruppe in einer weißen Mehlwolke verschwunden und weckt eine andere Schlafmütze in der Nachbarschaft.

Manchmal ist Theo Schreihals müde. Ihm ist alles zu viel und zu laut. Manchmal hält sich Theo Schreihals die Ohren zu und wünscht sich nur noch Stille. Manchmal schläft er dann ein und träumt von einem:

PSSST!

Der Flaschengeist

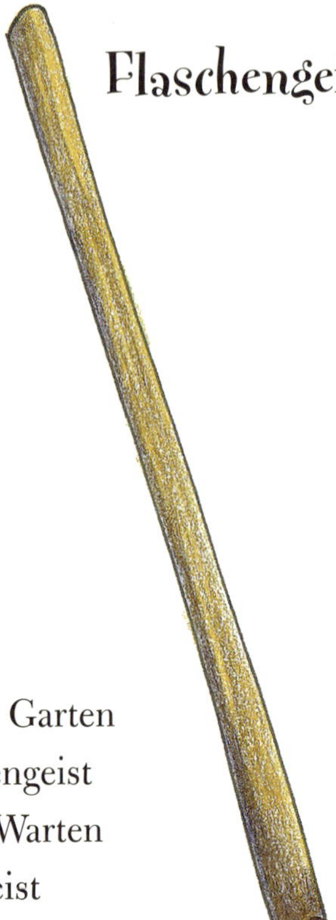

Bei Kuschmaneks im Garten
da wohnt ein Flaschengeist
er kennt sich aus im Warten
und ist sehr weit gercist

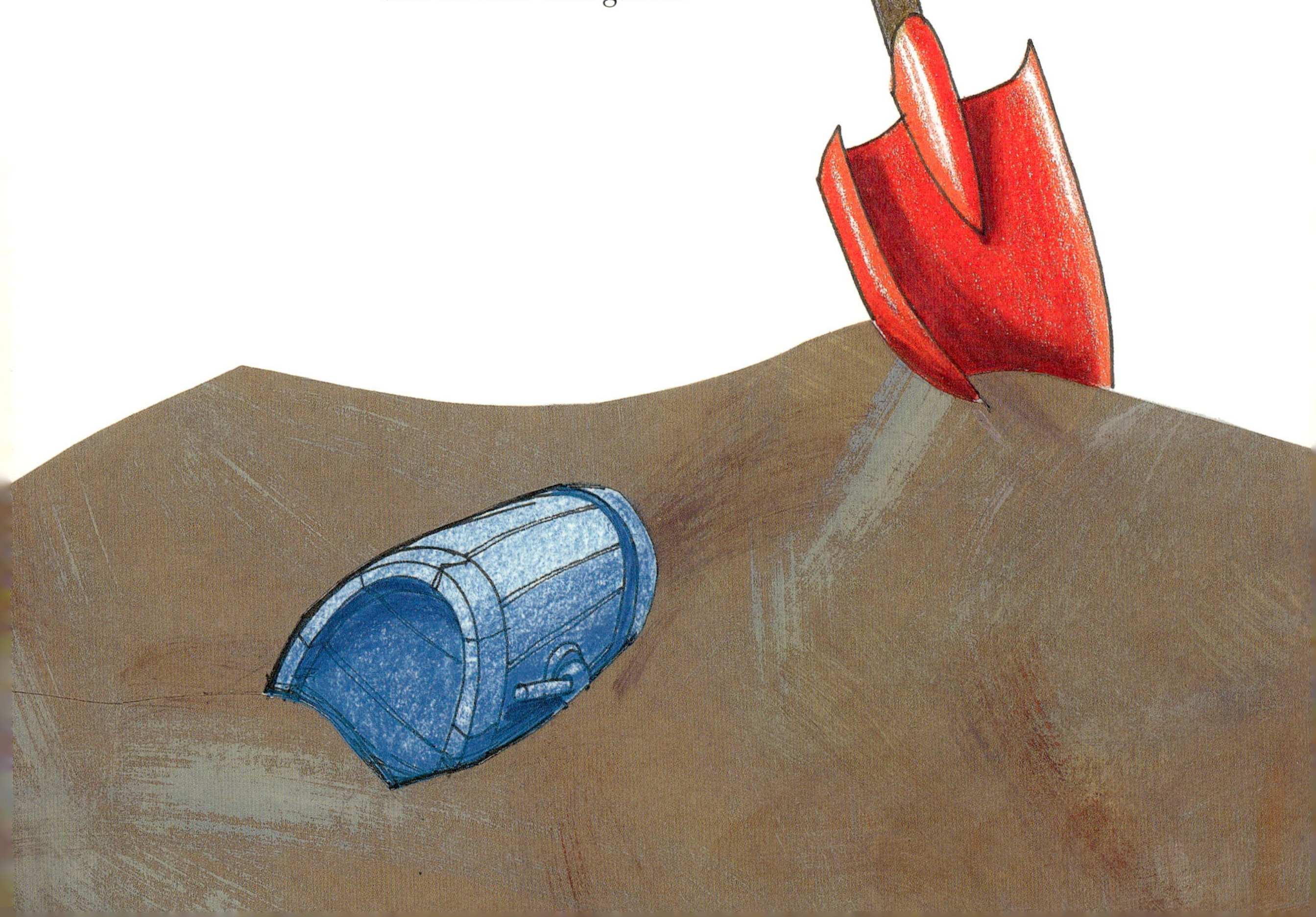

Seit fünfzehnhundert Jahren
die Flasche ist sein Heim
und auch, war zu erfahren
er lebt seitdem allein

Nur muss man ihn erst finden
drum pack den Spaten raus
und grabe unter Linden
und find sein Flaschenhaus

Und hast du es gefunden
flutscht er durch den Verschluss
das nennt er Dienst am Kunden
und gibt dir einen Kuss

Dann kniet er vor dir nieder
und sagt: Befiehl dem Geist
die Chance kommt nie wieder
ich bin sehr weit gereist

Ich kann dir alles machen
was so ein Geist halt macht
ich bringe dich zum Lachen
und mach den Tag zur Nacht

Ich kann dich auch beglücken
mit Gold und Edelstein
und ärgern dich die Mücken
dann fang ich sie schnell ein

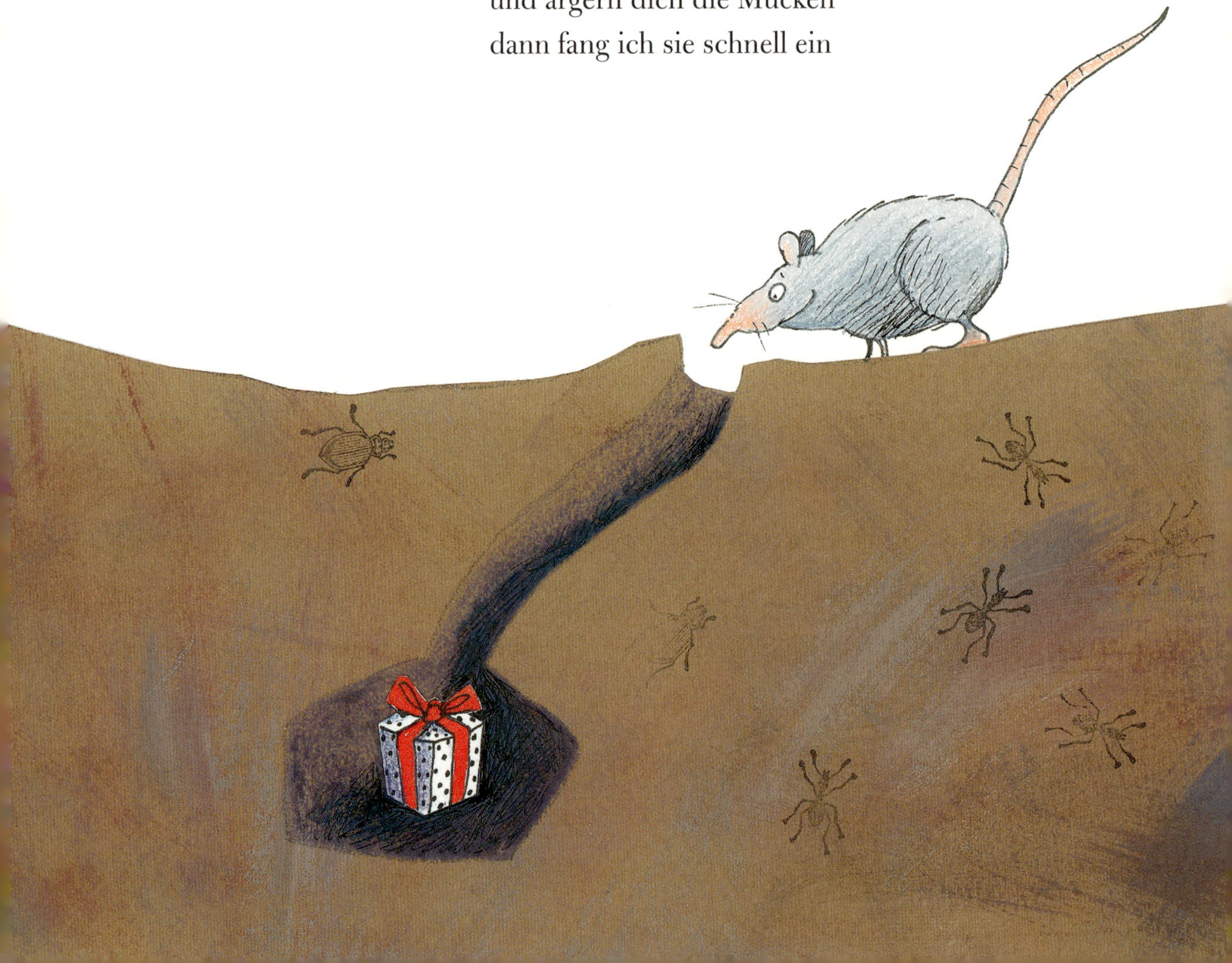

Er hilft dir auch beim Träumen
von einer Märchenwelt
du brauchst nie aufzuräumen
und bist auch so ein Held

Er hilft dir auch beim Streite
mit Gregor Matzerat
er steht dir dann zur Seite
und jagt ihn aus der Stadt

Du könntest ihn empfehlen
in deiner Nachbarschaft
und könntest allen mailen
dein Geistlein Wunder schafft

Und auch bei euch Zuhause
hilft er bei manchem Streit
und brauchst du eine Pause
dein Geist, der wohnt nicht weit

Kann Papas Auto waschen
und streut im Winter Sand
und für die Geisterflaschen
gibt's auch noch Flaschenpfand

Drum geh schnell mit der Tasche
zu Kuschmaneks ihr Haus
und finde diese Flasche
und zieh den Korken raus

In manchem stillen Garten
entdeckt man doch sehr viel
man kann auf Wunder warten
und findet sie im Spiel

Bügel-Büge

Bügeleisen, wollte über'n Hügel reisen

Lachgeschichten und Sachgedichte

Der Toaster

TOASTER-TOASTER
DOPPELBACK
KOMM HERAUS JETZT
UND ZWAR
ZACK!

Morgens essen wir gerne Toast. Deine beiden Hände sind die Toastbrotscheiben. Presse sie an deinen Kopf und werde selbst zum Toaster. Spreche nun den Toastbrotzauberspruch und lasse die Hände, also das Toastbrot, bei Zack hochschnellen und wie Ohren über deinem Kopf stehen. Du kannst dabei auch rot werden, damit man weiß, dass der Toaster heiß geworden ist.

Nun stellen wir den Toaster auf 5, damit das Toastbrot richtig braun werden kann. Zum Glück haben wir am Toaster einen Knopf (am Kopf ist es das Ohr), den wir auf 5 drehen können. Dreht den Regler nur bis 5, denn ab 6 tut es schon weh. Nun machen wir alles wie vorher. Wir schieben wieder die Toastbrote in den Toaster und sprechen dann den Zauberspruch. Denkt nur daran, nach Sprechen des Zauberspruches bis 5 zu zählen. Dann lassen wir wieder das Toastbrot, also die Hände über den Kopf hochschnellen. Nun kannst du die Toastbrote essen. Guten Appetit.

Der Hubschrauber

Der Propel-
lel-lel-lel-lel-ler
dreht sich
schnell-
lel-lel-ler
und dreht er sich
nicht schnell-
lel-lel-lel-lel-lel-ler

dann fliegt kein
Hubschrauber

Der Propel-
lel-lel-lel-lel-lel-ler
dreht sich
schnell-
lel-lel-ler
und dreht er sich
noch schnell-
lel-lel-lel-lel-lel-lel-lel-lel-lel-lel-lel-lel-lel-ler

dann fliegt der
Hubschrauber

Sprich die Worte »Propeller« und »schnell« immer schneller aus, als würde ein Propeller gestartet. Zum Schluss fliegt der Hubschrauber fort.

Der Ring

Ich habe einen Ring, der macht mich unsichtbar
ich drehe ihn im Kreis, und bin dann nicht mehr da
So schleich ich fort ganz leis, entkomme der Gefahr
Ich habe einen Ring, der macht mich unsichtbar

Ich habe einen Ring, der macht mich unsichtbar
ich stand beim Juwelier, dann war ich nicht mehr da
Der schrie noch laut nach mir: »Bezahle Schurke, bar!«
Ich habe einen Ring, der macht mich unsichtbar

Ich habe einen Ring, der macht mich unsichtbar
Ich geb dir einen Kuss und bin dann nicht mehr da
und gibst du mir 'nen Kuss, sind wir ein Liebespaar
Ich habe einen Ring, der macht mich unsichtbar

Ich habe einen Ring, der macht mich unsichtbar
und hab ich Streit mit dir, dann bin ich nicht mehr da
Selbst unser Lehrer hier sucht mich seit einem Jahr
Ich habe einen Ring, der macht mich unsichtbar

Die Wackeltischkarte

Wackeltische kennt ihr alle. Immer wieder kann es passieren, dass man an einem Tisch sitzt, der hin und her wackelt. Alles läuft über und alles rutscht runter. Das muss nicht sein.

Hier hilft die Wackeltischkarte. Die Wackeltischkarte ist eine ganz normale Postkarte, bei der man auf einer Seite einen Tisch gemalt hat, der nicht wackelt.

Faltet die Karte zusammen und schiebt sie unter eines der vier Tischbeine. Schon hört das Wackeln auf und Ruhe kehrt ein.
Natürlich steht auf der Wackeltischkarte ein passender Antiwackelspruch, mit dem die Karte unter das Tischbein geschoben werden möchte:

»Wackeltisch mit Wackeln warte,
denn die Antiwackelkarte,
klemm ich unters Wackelbein,
dann lässt du das Wackeln sein.«

Es ist immer ein schönes Gefühl, wenn ein Wackeltisch sicher auf allen vier Beinen steht.

Die Schublade

Ich ziehe die Schublade auf
und schieb sie wieder zu
das ist der Schub-Schubladenlauf
oh schubi dubi du

Die Schublade ist voll gefüllt
mit lauter Krimskrams-Sachen
man hat sie ganz schnell zugemüllt
gefüttert ihren Rachen

Ich ziehe die Schublade auf
und schieb sie wieder zu
das ist der Schub-Schubladenlauf
oh schubi dubi du

Die Schublade, das ist der Ort
um Dinge zu verstecken
sind sie mal drin, dann sind sie fort
dann kann man sie entdecken

Ich finde hier stets alles vor
was wir woanders suchen
das rote Herz aus Styropor
den Schieber für den Kuchen

Den Schlüssel für mein Tagebuch
der immer war verschwunden
und auch ein Tempotaschentuch
das hab ich hier gefunden

Ich ziehe die Schublade auf
und schieb sie wieder zu
das ist der Schub-Schubladenlauf
oh schubi dubi du

Dieses Gedicht kann man gut mit Geräuschen begleiten. Ziehe dazu die Besteckschublade immer auf und zu. Das macht die richtige Musik zu diesem Gedicht.

Auto in der Waschanlage

Auto in der Waschanlage
alles dreht sich nur um dich
du wirst sauber, keine Frage
und im Auto sitze ich

Alle Bürsten bürsten alles
drehen sich im Drehwurmspiel
und im Falles eines Falles
drehen sie sich viel zu viel

Nun das Auto trocken machen
trocknet es mit warmer Luft
fährt es los mit hundert Sachen
stoppt es lieber, diesen Schuft

Auto in der Waschanlage
alles dreht sich nur um dich
du wirst sauber, keine Frage
und im Auto sitze ich

Stellt euch auf zu einer Waschanlage. Dreht euch und lasst zwischen euch ein Auto durch die Waschanlage ziehen. Reibt es sauber, dreht euch wie Bürstenrollen und pustet es trocken. Wenn das Auto wegfahren will, könnt ihr es aufhalten. Wer will nun das Auto spielen?

Das Bügeleisen

Bügel-Bügel-Bügeleisen
wollte über'n Hügel reisen
war ganz heiß darauf
Knitter-Knitter-Knitterfalte
stellte sich ganz quer und lallte:
»Bügel doch bergauf.«

Bügeleisen gerne reisen
über Krauses Oberhemden
ritsche ratsche heißes Eisen
plätten, glätten, dann Hemd wenden

Bügel-Bügel-Bügeleisen
ließ sich nicht vom Platz verweisen
nahm dann Anlauf satt
Knitter-Knitter-Knitterfalte
war danach nie mehr die Alte
und vor Staunen platt

Bügeleisen gerne reisen
über Krauses Oberhemden
ritsche ratsche heißes Eisen
plätten, glätten, dann Hemd wenden

Der Wackeltisch

Der Wackel-Wackel-Wackeltisch
wackelt, als – würd' er frieren
der Wackel-Wackel-Wackeltisch
steht nicht – auf allen vieren

Der Wackel-Wackel-Wackeltisch
das kannst du mal – probieren
der Wackel-Wackel-Wackeltisch
war nah – am Vibrieren

Der Wackel-Wackel-Wackeltisch
den muss ich – reparieren
der Wackel-Wackel-Wackeltisch
wird alles – sonst verlieren

Der Wackel-Wackel-Wackeltisch
kann nicht mehr – irritieren
Er wackelt, wackelt, wackelt nicht
auf dem – kann man servieren

Der Spazierstock

Ein Spazierstock geht mit mir spazieren
Schritt für Schritt geht er getreu voran
Sollte ich mich in der Welt verlieren
ich mich auf den Stock verlassen kann

Hört man neben mir das Tick-tack-tocke
weiß man gleich, da kommt jemand herein
»Stoß die Tür auf«, ruf ich zum Stocke
durch die Welt geht's besser sich zu zwei'n

Ein Spazierstock geht mit mir spazieren
er ist meine Stütze und mein Scout
Jeder Geher kann es ausprobieren
wie man rhythmisch auf den Boden haut

Ein Spazierstock geht mit mir spazieren
weil er stets an meiner Seite ist
Ein Spazierstock kann den Geher zieren
wenn er ihn woanders nicht vergisst

Spann auf den Schirm

Nimm beim Sprechen des Gedichtes einen Schirm in die Hand, der sich leicht öffnen und schließen lässt. Öffne und schließe dann den Schirm beim Sprechen des Gedichtes, als wolltest du ihn von Regentropfen befreien.

Spann auf den Schirm
spann auf den Schirm
klopft es am Hirn
sag nicht herein
könnt Regen sein

Spann auf den Schirm
spann auf den Schirm
lass uns probier'n
zu schaffen Schutz
für Ruth und Lutz

Spann auf den Schirm
spann auf den Schirm
bloß nicht verlier'n
wir könnten fein
und Schirmherr sein

Spann auf den Schirm
spann auf den Schirm
küss meine Stirn
soll niemand seh'n
wie Küssen schön

Manchmal träumen auch Spaghettis, dass sie wären wie Konfettis

Leckerschmeckergeschichten und zuckersüße Gedichte

Arancia

Zarte
junge
Erbsen

Die Entschuldigung

Entschuldigung, Entschuldigung
die Einladung zum Essen
Entschuldigung, Entschuldigung
hat Elvis nicht vergessen

Entschuldigung, Entschuldigung
er war bei Doktor Herbsen
Entschuldigung, Entschuldigung
und der verbot ihm Erbsen

Entschuldigung, Entschuldigung
Elvis darf alles essen
Entschuldigung, Entschuldigung
nur Erbsen sind vermessen

Entschuldigung, Entschuldigung
gäb's Ente ohne Knochen
Entschuldigung, Entschuldigung
blieb Elvis wohl zwei Wochen

Sprich dieses Gedicht,
als wärest du schnell gelaufen.
Du bist also ganz außer Atem.

Eis, Eis, Eis

E-I-S
Es Ist Süß
Esel, Igel, Schafe
Essen Immer Schneller
Eis, Eis, Eis

E-I-S
Es Ist Schön
Eltern Im Sommer
Erdbeeren Irre Schlabbern
Eis, Eis, Eis

E-I-S
Es Ist Stark
Erna, Ingo, Sara
Entdeckt Ihre Schwächen
Eis, Eis, Eis

E-I-S
Etwas Ist So
Einmalig, Ich Schwärme:
Es Ignoriert Salz
Eis, Eis, Eis

E-I-S
Erst Im Schlecken
Es Ist Schade
Entdeck Ich Schokolade
Eis, Eis, Eis

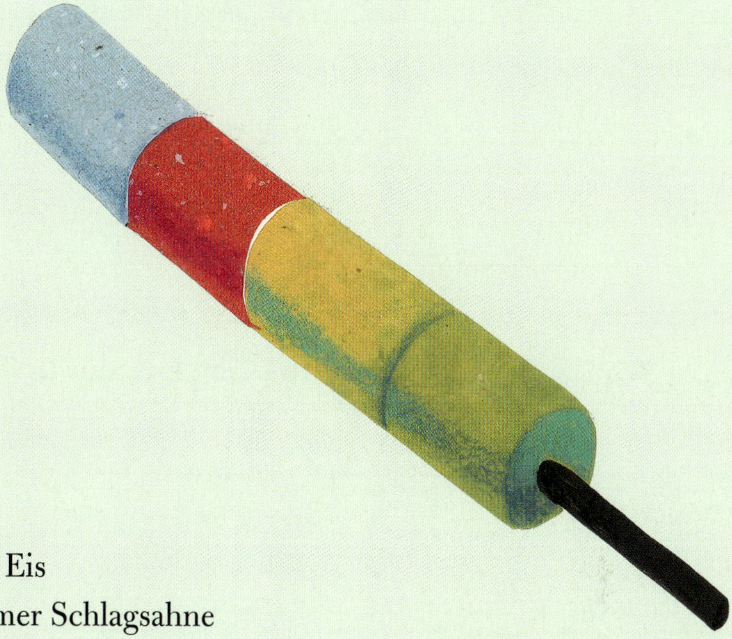

Eis, Eis, Eis
Esst Immer Schlagsahne
Eis, Eis, Eis
Ein Immerwährendes Schlemmen
Eis, Eis, Eis
Echt Irre Super

Bilde noch mehr Sätze mit den Buchstaben

E I S

Laras Brot

Wenn man jemanden gernhat, schenkt man ihm was. Lara hatte Berti sehr gern und wollte ihm ein Geschenk machen. Zuerst wollte sie ihm eine Tüte Weizenmehl kaufen, aber eine Tüte Mehl schien ihr plötzlich zu wenig zu sein, um Berti zu zeigen, wie gern sie ihn hatte. Lara dachte nach, dann hatte sie eine Idee. Sie wollte Berti nicht nur eine Tüte Weizenmehl schenken, sondern dazu noch 125 Gramm Haferflocken.

Sie stand schon vor Bertis Haustür, als ihr sogar die *beden* Geschenke nicht toll genug erschienen, um Berti zu zeigen, wie gern sie ihn hatte. Lara dachte wieder nach. Berti mochte Buttermilch, das war es. Sie wollte ihm zu der Tüte Weizenmehl und den 125 Gramm Haferflocken noch Buttermilch schenken. Dann würde Berti bemerken, wie gern sie ihn hatte.

Sie stand vor Bertis Tür, sie wollte gerade klingeln, da kamen ihr die Geschenke doch ein wenig mickrig vor. Wenn man einem Menschen zeigen will, wie gern man ihn hat, dann muss man sich schon etwas Besonderes einfallen lassen, oder?

Plötzlich hatte sie eine Idee. Sie wollte Berti zu der Tüte Weizenmehl, den 125 Gramm Haferflocken und der Buttermilch noch ein Glas Honig schenken. Da würde er schnell merken, wie süß sie ihn fand.

Lara stand schon wieder vor Bertis Haustür, sie hatte die Hand sogar schon auf die Klingel gelegt und wollte gerade drücken, als ihr ihre Geschenke doch noch zu gewöhnlich erschienen. Sie wollte Berti etwas schenken, das es nur geben konnte, weil sie sich gernehatten. Lara dachte nach, dann hatte sie eine Idee.

Sie wollte Berti ein Kochbuch schenken. Ein Kinderkochbuch, in dem man nachlesen kann, wie man aus einer Tüte Mehl, 125 Gramm Haferflocken, Buttermilch, einem Esslöffel Honig, einem Teelöffel Salz, vereint mit einem Teelöffel Natron, ein Brot backen kann. Sorgfältig stellte sie alle Zutaten zusammen, legte sie mit einem Gruß in die Kiste, brachte alles zusammen mit dem Kinderkochbuch zu Bertis Haustür, klingelte und lief fort.

Wie groß war ihre Freude, als Berti am nächsten Morgen ein selbst ge-backenes Haferflockenbrot mit in die Schule brachte und ihr stolz überreichte. Da wusste Lara, dass Berti sie auch gern hatte. Lächelnd brachen sie das Brot und aßen davon. Das hat geschmeckt!

Wenn du Bertis Geschenk nachbacken willst, dann brauchst du:*

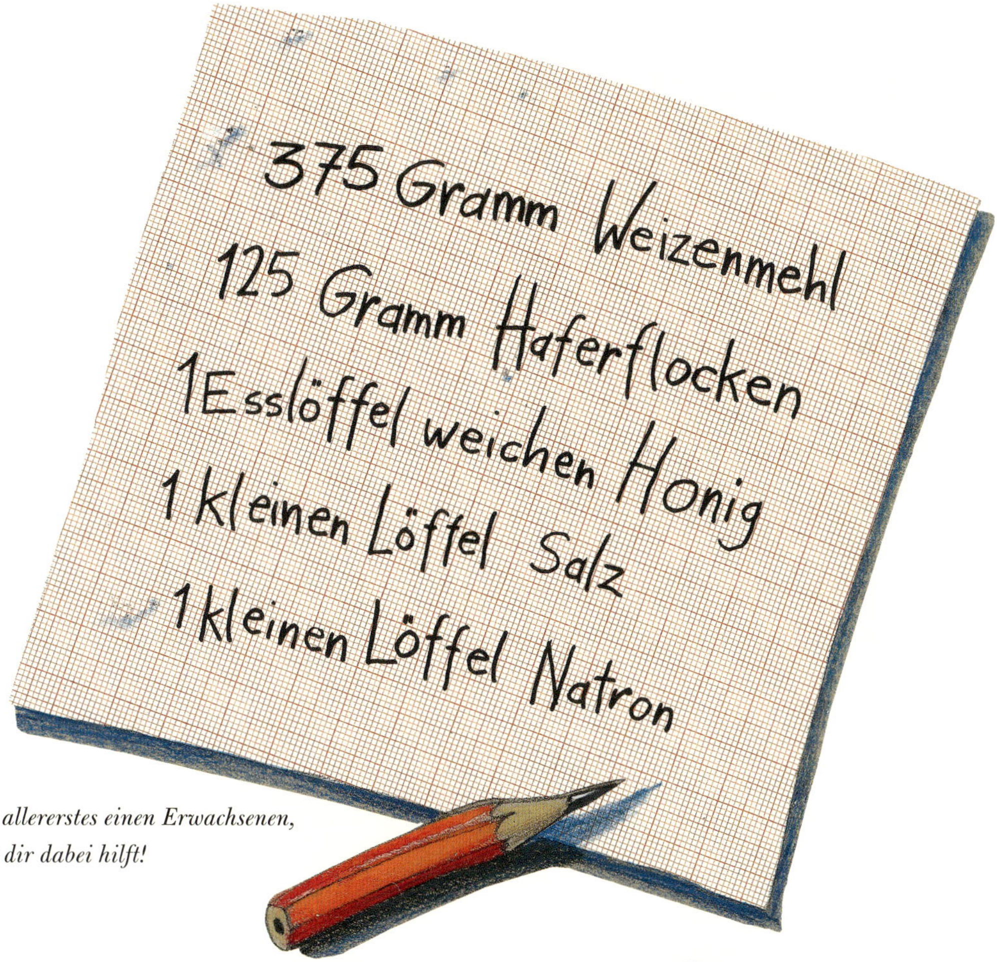

* *Als allererstes einen Erwachsenen, der dir dabei hilft!*

Nun kommt's: Stellt den Ofen schon einmal auf 220 Grad ein. So läuft er warm und ist in Form, wenn es darauf ankommt. Mische nun das weiße Mehl mit den quirligen Haferflocken und mache sie mit Salz und Natron bekannt. Buttermilch und Honig wollen mitmischen, kein Problem. Knete den Teig mit allen bisherigen Zutaten, bis er ohne Falten und Risse ist, und forme daraus einen Brotlaib. Du kannst bestimmen, wie das Brot auszusehen hat. Bedecke dann das Backblech mit Backpapier und lass darauf dein Brot thronen.

Wichtig: Bevor du das Brot in den Backofen schiebst, schneide es auf der Oberfläche mit einem Messer ein. Ein kleines Muster sieht gut aus und lässt den kleinen Laib atmen.

Nun wird das Brot 20 Minuten gebacken, dann schaltet ihr den Ofen auf 200 Grad herunter, und nach weiteren 30 Minuten ist das Brot backfertig. Brotbacken macht großen Spaß. Es sollte auf jeden Fall ein Erwachsener dabei sein, der den Ofen bedient. Das Brot schmeckt am besten, wenn man es mit anderen teilt. So soll es sein.

Quarkstollenlied

Gib mir Zucker, gib mir Eier gib mir Mehl

Quark, Quark, mhmm, hm, mhmm
Quark, Quark, mhmm, hm, mhmm

Kennt ihr auch die wundervollen
ach so tollen Quarkstollen
die zur Weihnachtszeit auf Erden
allerorts gebacken werden?
Schmecken nicht nur stark
sondern auch nach Quark

Quark, Quark, mhmm, hm, mhmm
Quark, Quark, mhmm, hm, mhmm

Wenn die Hände Teige rollen
Zucker, Eier dorthin wollen
wo sich Feuergeister trollen
in dem heißen Ofenstollen
riecht das nicht nur stark
sondern auch nach Quark

Quark, Quark, mhmm, hm, mhmm
Quark, Quark, mhmm, hm, mhmm

Wo anstatt der Hähnchenbollen
Stollen nun bald quellen sollen
alle schnuppern gleich den Stollen
wollen damit überrollen
schmeckt so nicht nur stark
sondern auch nach Quark

Quark, Quark, mhmm, hm, mhmm
Quark, Quark, Mhmm, hm, mhmm

Kennt ihr auch die wundervollen
ach so tollen Quarkstollen
die zur Weihnachtszeit auf Erden
allerorts gebacken werden?
Schmecken nicht nur stark
sondern auch nach Quark

Quark, Quark, mhmm, hm, mhmm
Quark, Quark, mhmm, hm, mhmm

Ihr könnt dieses Gedicht auch gemeinsam sprechen. Einige machen den Rhythmus und sagen immer nur: »Quark, Quark, mhmm, hm, mhmm.« Der Rest spricht die Strophen darüber.

Wenn Monster Geburtstag feiern

Wenn Monster Geburtstag feiern
schmeißen sie herum mit Eiern
klatschen Torten ins Gesicht
Monster weinen nicht

Wenn Monster Geburtstag feiern
fliegen sie herum auf Geiern
wecken alle Kinder auf
stets im Dauerlauf

Wenn Monster Geburtstag feiern
fangen sie schnell an zu reihern
kotzen gerne aus nach Wunsch
ihren Erdbeerpunsch

Wenn Monster Geburtstag feiern
jodeln sie herum wie Bayern
grüßen Moni und den Urs
nach dem Jodelkurs

Wenn Monster Geburtstag feiern
sie dies Lied herunterleiern
man versteht dann gar nichts mehr
nur so ungefähr

Wenn Monster Geburtstag feiern
schmeißen sie herum mit Eiern
klatschten Torten ins Gesicht
Monster weinen nicht

Nudeln, Nudeln

Nimm zwei Nudeltüten in die Hand und begleite dich damit beim Sprechen des Gedichtes.

Manchmal träumen auch Spaghettis
das sie wären wie Konfettis
fliegen wie beim Karneval
in das Wasser mit ’nem Knall
in das Wasser mit ’nem … wie macht die Spaghetti?
Schlürf, schlürf, »Knall«

Nudeln, Nudeln, Nudeln, Nudeln
in die Wassersprudel trudeln
bis sie werden nudelweich
in dem großen Nudelteich
in dem großen Nudel … wie macht die Spaghetti?
Schlürf, schlürf, »Teich«

Was wir heute einmal dürfen
ist dann mit Spaghettis schlürfen
zack di back und Nudelschleck
ist der Schlürfwurm plötzlich weg
ist der Schlürfwurm plötzlich … wie macht die Spaghetti?
Schlürf, schlürf, »weg«

Pasta Nudeln lecki schmecki
Rigatoni und Spaghetti
Fanta trink und Sprudeli
wunderbare Nudeli
wunderbare Nudel … wie macht die Spaghetti?
Schlürf, schlürf, »I«

Nudeln, Nudeln, Nudeln, Nudeln
in die Wassersprudel trudeln
bis sie werden nudelweich
in dem großen Nudelteich
in dem großen Nudel… wie macht die Spaghetti?
Schlürf, schlürf, »Teich«

Ich hab dich gern,
du hast mich gern,
wir leben auf dem
gleichen Stern

Geheimnisvolle Geschichten
und kluge Gedichte

POLAND
UKRAINIAN
FRANCE
ROMANIA
BLACK SEA
SPAIN
TURKEY
IRAN
ALGERIA
MOROCCO
MADEIRA
CANARY Is.
ITALIAN LIBYA
EGYPT
SAUDI ARABIA
SAHARA DESERT
FRENCH WEST AFRICA
FR. SUDAN
NIGER
TCHAD COLONY
ANGLO-EGYPTIAN SUDAN
ABYSSINIA
KENYA
BELGIAN CONGO
TANGANYIKA
SEYCHELLES Is.
ARABIAN
LIBERIA
FREETOWN
MONROVIA
LISBON
MADRID
CAIRO
KHARTOUM
NAIROBI
DAR ES SALAAM
Ascension I.
St. Paul Rocks

Boston
Norfolk
Bermuda

Beim Augenarzt

1. Augenübung

Alles

was in der

Ferne liegt

muss nicht klein

sein!

Zehn böse Bankräuber

Zehn böse Bankräuber woll'n 'ne Bank ausräum'
da kam die Polizei vorbei, da waren's nur noch neun

Neun böse Bankräuber schießen, bis es kracht
da schießt die Polizei zurück, da waren's nur noch acht

Acht böse Bankräuber wollen Geld verschieben
doch einer schiebt's zur Polizei, da waren's nur noch sieben

Sieben böse Bankräuber pflanzen ein Gewächs
doch leider war das nicht erlaubt, da waren's nur noch sechs

Sechs böse Bankräuber fliehen durch die Sümpf
doch einer kam vom Wege ab, da waren's nur noch fünf

Fünf böse Bankräuber klau'n ein wildes Tier
doch weil es so Bankräuber mag, da waren's nur noch vier

Vier böse Bankräuber fahr'n zur Polizei
doch leider ohne Führerschein, da waren's nur doch drei

Drei böse Bankräuber sprengen sich mal frei
doch leider mit viel Dynamit, da waren's nur noch zwei

Zwei böse Bankräuber sind total gemein
der eine wurde Polizist und sperrt den andern ein

Und willst du auch Bankräuber sein und fühlst dich dann allein
so lass dich ins Gefängnis sperr'n, dort werden andre sein

Die Windkarte

Es gibt eine Karte, mit der kann man sich Wind zufächeln. Sie ist blau, man sieht darauf einen Hut, der fortfliegt. Auf manchen Windpostkarten steht auch ein Mann, der dem Hut nachschaut. Alles ist in Bewegung und ruft nach Luft.

»Auch bei größter Hitze,
ich nicht zu sehr schwitze.
Eine blaue Karte kühlt,
bis man sich dann besser fühlt.
Einfach hin und her gefächelt,
das erfrischt, bis man nur lächelt.«

Nun ist der heißeste Sommer
besser zu ertragen.
Es ist immer klug, den Wind
zum Freund zu haben.

Beim Augenarzt

2. Augenübung

Alles

was in der

Ferne liegt

ist nur weit

weg!

*Die Bankräuber-
nachrichten werden
leise geflüstert.*

Neues aus der Bankräuberschule

Der Unterricht in der Bankräuberschule muss leider ausfallen, da die Kreide geklaut wurde.
Der Unterricht in der Bankräuberschule muss leider ausfallen, da die Kreide und die Tafel geklaut wurden.
Der Unterricht in der Bankräuberschule muss leider ausfallen, da die Kreide, die Tafel und der Schwamm geklaut wurden.
Der Unterricht in der Bankräuberschule muss leider ausfallen, da die Kreide, die Tafel, der Schwamm und die Schultische geklaut wurden.

Der Unterricht in der Bankräuberschule muss leider ausfallen, da die Kreide, die Tafel, der Schwamm, die Schultische und die Schulstühle geklaut wurden.
Der Unterricht in der Bankräuberschule muss leider ausfallen, da die Kreide, die Tafel, der Schwamm, die Schultische, die Schulstühle und die Schule geklaut wurden.
Dafür gibt's natürlich eine 1!

Eine Verkehrsdurchsage

Achtung, Achtung, auf der A33 zwischen Paderborn und Kassel kommen Ihnen ein geklautes Fluchtauto und drei Polizeiautos entgegen. Fahren Sie bitte langsam und warnen Sie das Fluchtauto durch deutliche Lichtsignale.

Nun zu unseren Ernährungstipps:

Wenn das Baby des Bankräubers nicht essen will, machen Sie es so:

Einen Löffel für die Commerzbank
Einen Löffel für die Deutsche Bank
Einen Löffel für die Sparkasse Paderborn
Einen Löffel für die Volksbank Atteln
Einen Löffel für die Raiffeisenbank
Einen Löffel für die Landeskirchenbank
Einen Löffel für die Parkbank

Ein wenig spielen mit »So«-Lauten und »Mhmm, das schmeckt, oder?«, als würde man ein Baby füttern!

Dichter Nebel in Geldhausen. In der Nacht vom Freitag auf den Samstag gibt es in Geldhausen dichten Nebel. Ein ideales Wetter für Bankeinbrüche und andere Aktionen, bei denen man nicht gesehen werden wird. Am Samstag rechnet man mit Blitzeis. Bitte alle Fluchtautos mit Winterreifen ausstatten.
Das war das Wetter.

Und nun noch die aktuellen Zahlen der Woche

Was sind das für Zahlen? Das ist die Geheimkombination des Safes der Commerzbank in der Breiten Straße in Frankfurt. Dieser ist natürlich immer nur zu knacken ohne Gewehr.

In letzter Minute erreicht uns noch eine wichtige N chricht.

N chricht? Es fehlt mein A.

Diebsthl, Diebsthl, Diebsthl
mein A ist fort, mein A ist fort
Diebsthl, Diebsthl, Diebsthl
mein A ist fort im Wort

Debsthl, Debsthl, Debsthl
men A st fort, men I st fort
Debsthl, Debsthl, Debsthl
men A, men I st fort m Wort

Ebsthl, Ebsthl ,Ebsthl
men A, men I, men D st fort
Ebsthl, Ebsthl, Ebsthl
men A, men I, men D st fort m Wort

Das Fremde bleibt so lange fremd
bis es begrüßt, berührt, erkennt:
ich hab dich gern, du hast mich gern
wir leben auf dem gleichen Stern

Das Fremde bleibt so lange fremd
es begrüßt, berührt, erkennt:
du bist nicht fremd, du bist vertraut
Gefühle werden aufgetaut

Das Fremde bleibt so lange fremd
bis es begrüßt, berührt, erkennt:
das Anderssein ist interessant
probieren wir's, nimm meine Hand

ERWIN GROSCHE

© Sigrid Urban

Er ähnelt keinem Supermann
er ähnelt einem Frosche
auch weil er sehr laut quaken kann
der kleine Erwin Grosche

Er ähnelt keinem Diamant
er ähnelt einer Brosche
auch wenn er lächelt sehr charmant
der kleine Erwin Grosche

Er spielt mit Wörtern ab und an
und sagt statt Tusche Tosche
damit es sich schön reimen kann
mit ihm dem Erwin Grosche

ERWIN GROSCHE lebt in Paderborn. Er isst gerne Kuchen und schreibt Kinderbücher. Er ist Schirmherr von UNICEF Paderborn, erhielt 1999 den Deutschen Kleinkunstpreis, 2000 den Paderborner Kulturpreis, 2004 die »Silberne Akademieze der Akademie Hofgeismar«, 2007 bekam er den »Nieheimer Schuhu« verliehen, 2008 den »Stern des Jahres«.

Ich hab dich gern....
... du hast mich gern